les Toubibs 4

Bélom, Gégé & Sirvent

Sur les dents !

Scénario : GÉGÉ & BÉLOM
Dessins : Alain SIRVENT
Couleurs : Alexandre AMOURIQ

BAMBOO ÉDITION

Comme une vague qui va, qui vient, elle habite mes pages et mes images,
tantôt par ses toiles, tantôt je la dévoile.
À Gundi Falkensteiner...
Merci pour ton soutien...
Merci de tout coeur...
Alain

www.bamboo.fr

116, rue des Jonchères - BP 3
71012 CHARNAY-lès-MACON cedex
Tél. 03 85 34 99 09 - Fax 03 85 34 47 55
Site Web : www.bamboo.fr
E-mail : bamboo@bamboo.fr

PREMIÈRE ÉDITION
Dépôt légal : avril 2006
ISBN 2-35078-081-3

Imprimé en France
Printed in France by PPO Graphic, 93500 Pantin

SALLE D'ATTENTE
DOCTEUR DUFOIE
PROUT!
AÂÂHAAÏEEE!!
PITIÉ DOCTEUR! VOUS ÊTES UNE BRUTE...
AÏIIE.
GH!
BOM! BOM! BOM!
AU SECOURS!
BOURREAU!
SALLE D'ATTENTE
DOCTEUR DUFOIE
RÂÂÂ...
DOCTEUR DUFOIE
RÂÂÂ... ASSASSIN!
CLIC!
RENÉ!... C'EST BON POUR LE TENNIS!... OUI JE ME SUIS ARRANGÉ... DANS UN QUART D'HEURE... OK... À TOUT DE SUITE!
153.
BELOM - GÉGÉ - SIRVENT-A

Bélom-Ségé-Sirvent-A.

22
ALORS! COMMENT VA NOTRE APPENDICITE CE MATIN?
BIEN DOCTEUR. MAIS JE...
CROYEZ-MOI! C'EST PAS TOUS LES JOURS QU'ON ENLÈVE UN SI BEL APPENDICE QUE LE VÔTRE! BELLE INFECTION!
JUSTEMENT... J'AIMERAIS BIEN RÉCUPÉRER LE... EUH...
EN SOUVENIR!
TÛTÛTÛT!... VOYONS! ÇA NE SE FAIT PLUS!... C'ÉTAIT LE CHIRURGIEN DE GRAND-PAPA QUI REDONNAIT LE PETIT MORCEAU DANS UN BOCAL DE FORMOL...
TOUSSEZ POUR VOIR...
ALLONS! OUBLIEZ-DONC CE PETIT BOUT DE CHAIR QUI VOUS FAISAIT TANT SOUFFRIR.
VOUS AVEZ RAISON DOCTEUR...
22
22
CLAC!
LABORATOIRE
BON WEEK-END DOCTEUR!
MERCI...
ACCUEIL
BRELING
BRELING
ÇA C'EST DE L'APPENDICE DE CHOIX!... JE VAIS ME FAIRE UNE DE CES FRITURE...
165.
BÉLOM - GÉGÉ - SIRVENT - A

La chirurgie Esthétique le Confort d'Aujourd'hui
SALLE D'ATTENTE
LES BOULES
LOULOU LAPIN MOU
PERSONNELLEMENT JE N'EN VOYAIS PAS L'UTILITÉ, MAIS C'EST MON GENDRE QUI M'A ENVOYÉE ICI !... LE DOCTEUR DUFOIE !
TIENS ! MOI AUSSI !
VOUS AUSSI !?!
OUI OUI.
MAIS !? CE GENDRE EST STUPIDE !... VOUS N'AVEZ PAS BESOIN DE REFAIRE VO...
... VOUS RIGOLEZ !
REGARDEZ ! ILS SONT TOUT RAPLAPLAS...
AAAAH... C'EST POUR VOS SEINS !
... JE ME DISAIS AUSSI...
ALORS, VOUS VOUS ÊTES TROMPÉE D'ÉTAGE !
?!
LES SEINS, C'EST AVEC LE DOCTEUR POITREAU, AU PREMIER ! ICI C'EST LE DOCTEUR TARBOUIF...
!
... POUR LE NEZ !
J'AURAIS DÛ M'EN DOUTER !
DIPLÔME CHIRURGIE ESTHÉTIQUE
Cyrano
Pif
SNIF
155.
- BÉLOM - SÉGÉ - SIRVENT. A -

ÇA FAIT COMBIEN DE TEMPS QUE JE VOUS SOIGNE, MONSIEUR SOUPIQUE ?
EUH... UNE QUINZAINE D'ANNÉES !... POURQUOI ?
GRÂCE À QUELQUES PETITS EFFORTS, J'AI RÉUSSI À FAIRE BAISSER VOTRE TAUX DE CHOLESTÉROL SANS TRAITEMENT !
ENSUITE, CE FUT LE TOUR DE VOTRE TAUX D'URÉE !... IL A BAISSÉ DE 25% !
!?
... PUIS VOTRE TAUX DE GLOBULES BLANCS ! BAISSE DE 8% !
MAIS ...
ET J'ALLAIS OUBLIER VOTRE TAUX DE SUCRE ! JE L'AI FAIT BAISSER DE 12% EN VOUS DEMANDANT QUELQUES PETITS EFFORTS... N'EST-CE PAS ?
OUI ! ET... ET ALORS ?
ALORS ?! J'AI UNE MAUVAISE NOUVELLE POUR VOUS, MONSIEUR SOUPIQUE !...
!?!
IL VA FALLOIR ENCORE FAIRE DES EFFORTS ! BEAUCOUP D'EFFORTS !...
?
... VOTRE TAUX D'INTÉRÊT D'EMPRUNT EST BEAUCOUP TROP ÉLEVÉ !!!
CREDIT PIONNIER
BANQUE BCP
!?
0,2%
144
BÉLOM - GÉGÉ - SIRVENT. A.

LUNDI
DOCTEUR JE CROIS QUE J'AI UNE APPENDICITE...
O.G.M
MARDI
JE CROIS QUE J'AI UNE BLENNORRAGIE...
O.G.M
MERCREDI
...UNE CÉPHALÉE
JEUDI
...UNE DIARRHÉE...
VENDREDI
E... UN ENKYSTEMENT...
O.G.M
SAMEDI
F... DES FLATULENCES...
O.G.M
ÉCOUTEZ, MADAME COUSSO, VOUS ALLEZ ME FAIRE PLAISIR...
?
... EN RENTRANT CHEZ VOUS, VOUS ALLEZ ME JETER CE LAROUSSE MÉDICAL À LA POUBELLE!
O.G.M
!
175
BÉLOM - GÉGÉ - SIRVENT-A.

+PHARMACIE+
PHARMACIE
'JOUR MADAME DUFOÏE!
KING!
BONJOUR!
JE VOIS QUE VOUS AVEZ DES CRÈMES AMINCISSANTES...
ON PEUT PERDRE AVEC ÇA?
OH OUÏ...
HUILES ESSENTIELLES
ET AVEC LES LOTIONS ON PEUT PERDRE AUSSI?
OH OUÏ...
BON BEN... JE VAIS PRENDRE UN PEU DE TOUT!
...COMME VOUS VOULEZ.
MAKE UP
SUPPO DE SATAN
BROSSE À DENTS
À VOTRE AVIS, AVEC TOUT ÇA JE VAIS PERDRE COMBIEN?
...TRÈS EXACTEMENT... 315,55 €!
!
176
BÉLOM-SÉGÉ-SIRVENT-A-

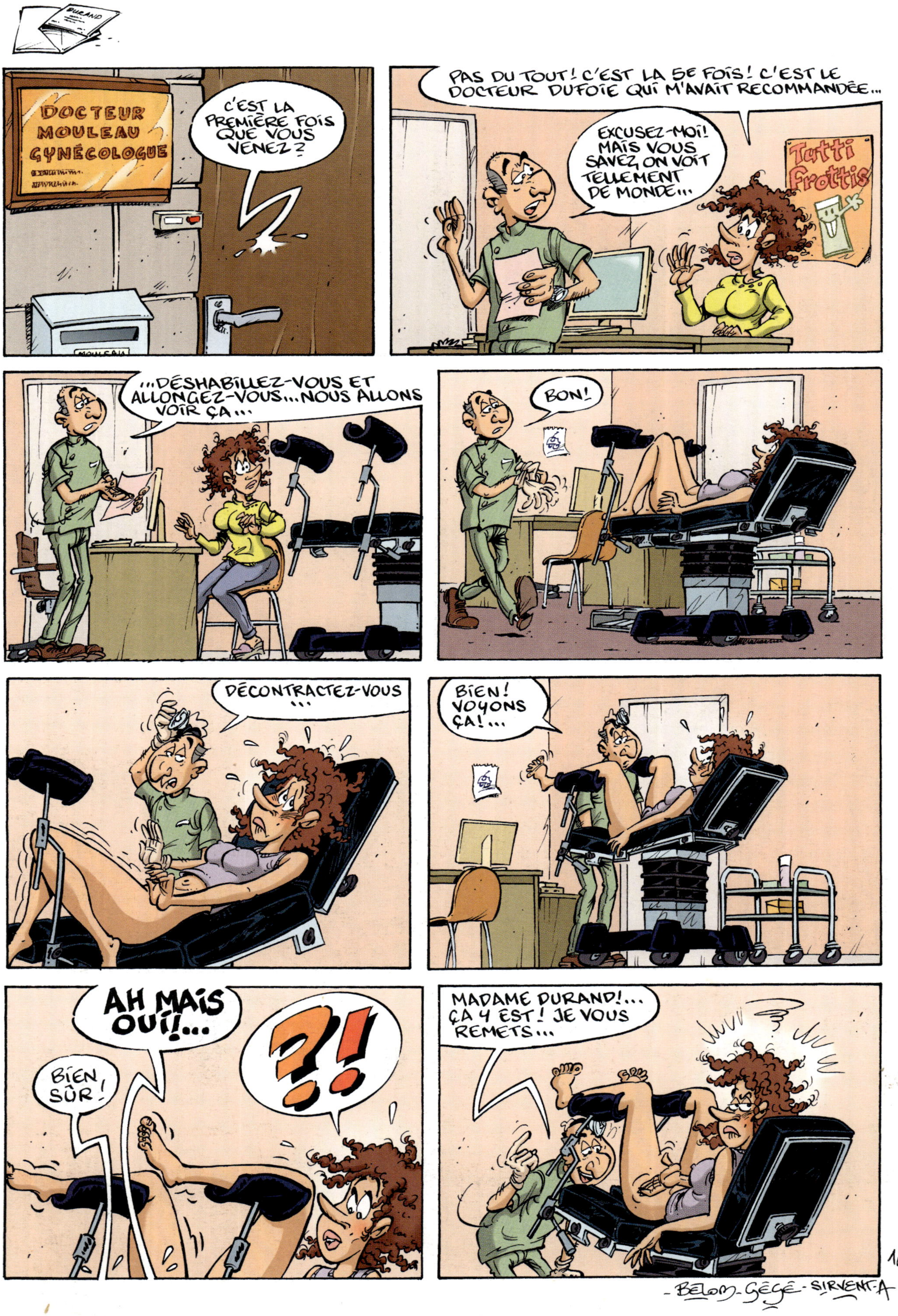
DURAND
DOCTEUR MOULEAU GYNÉCOLOGUE
C'EST LA PREMIÈRE FOIS QUE VOUS VENEZ ?
PAS DU TOUT ! C'EST LA 5E FOIS ! C'EST LE DOCTEUR DUFOIE QUI M'AVAIT RECOMMANDÉE...
EXCUSEZ-MOI ! MAIS VOUS SAVEZ ON VOIT TELLEMENT DE MONDE...
Tutti Frottis
...DÉSHABILLEZ-VOUS ET ALLONGEZ-VOUS... NOUS ALLONS VOIR ÇA...
BON !
DÉCONTRACTEZ-VOUS ...
BIEN ! VOYONS ÇA !...
AH MAIS OUI !...
BIEN SÛR !
?!
MADAME DURAND !... ÇA Y EST ! JE VOUS REMETS...
160
- BELOM - GÉGÉ - SIRVENT - A

CISEAUX...
SALLE D'OPERATION
BLOC 2
COTON...
COMPRESSES...
FIL!
?!
?
!
?
POK!
BLAM
MAIS QU'EST-CE QUE C'EST QUE...
!

161

SUITE

161

- BÉLOM-GÉGÉ-SIRVENT-A -

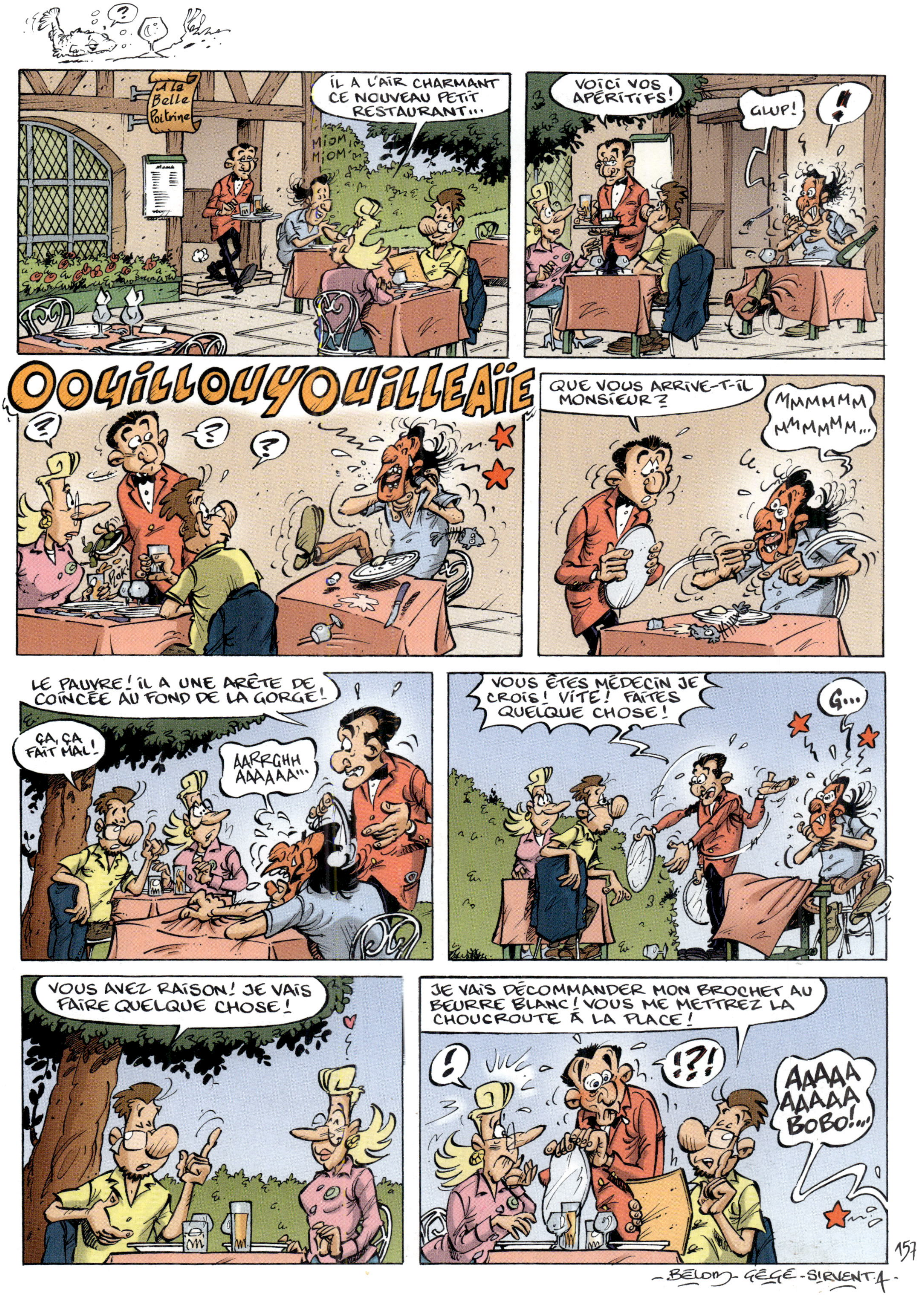
À la Belle Poitrine
IL A L'AIR CHARMANT CE NOUVEAU PETIT RESTAURANT...
MIOM MIOM
VOICI VOS APÉRITIFS!
GLUP!
!!
OOUILLOUYOUILLEAÏE
?
?
?
PLOK
QUE VOUS ARRIVE-T-IL MONSIEUR?
MMMMMM MMMMMM...
LE PAUVRE! IL A UNE ARÊTE DE COINCÉE AU FOND DE LA GORGE!
ÇA, ÇA FAIT MAL!
AARRGHH AAAAAA...
VOUS ÊTES MÉDECIN JE CROIS! VITE! FAITES QUELQUE CHOSE!
G...
VOUS AVEZ RAISON! JE VAIS FAIRE QUELQUE CHOSE!
JE VAIS DÉCOMMANDER MON BROCHET AU BEURRE BLANC! VOUS ME METTREZ LA CHOUCROUTE À LA PLACE!
!
!?!
AAAAA AAAAA BOBO!...
157
- BÉLOM - GÉGÉ - SIRVENT.4 -

!
ACCUEIL
ACCUEIL
ACCUEIL
!?
VOUS CHERCHEZ QUELQUE-CHOSE?
OUPS!
LOLO
SEX
5 CONTRE 1
MAIS!?!CE SONT NOS OUTILS DE TRAVAIL ÇA!!
GROS SEINS
VOLEUR! COCHON! VICIEUX!
Banque du Sperme
69
163.
BELOM - GÉGÉ - SIRVENT

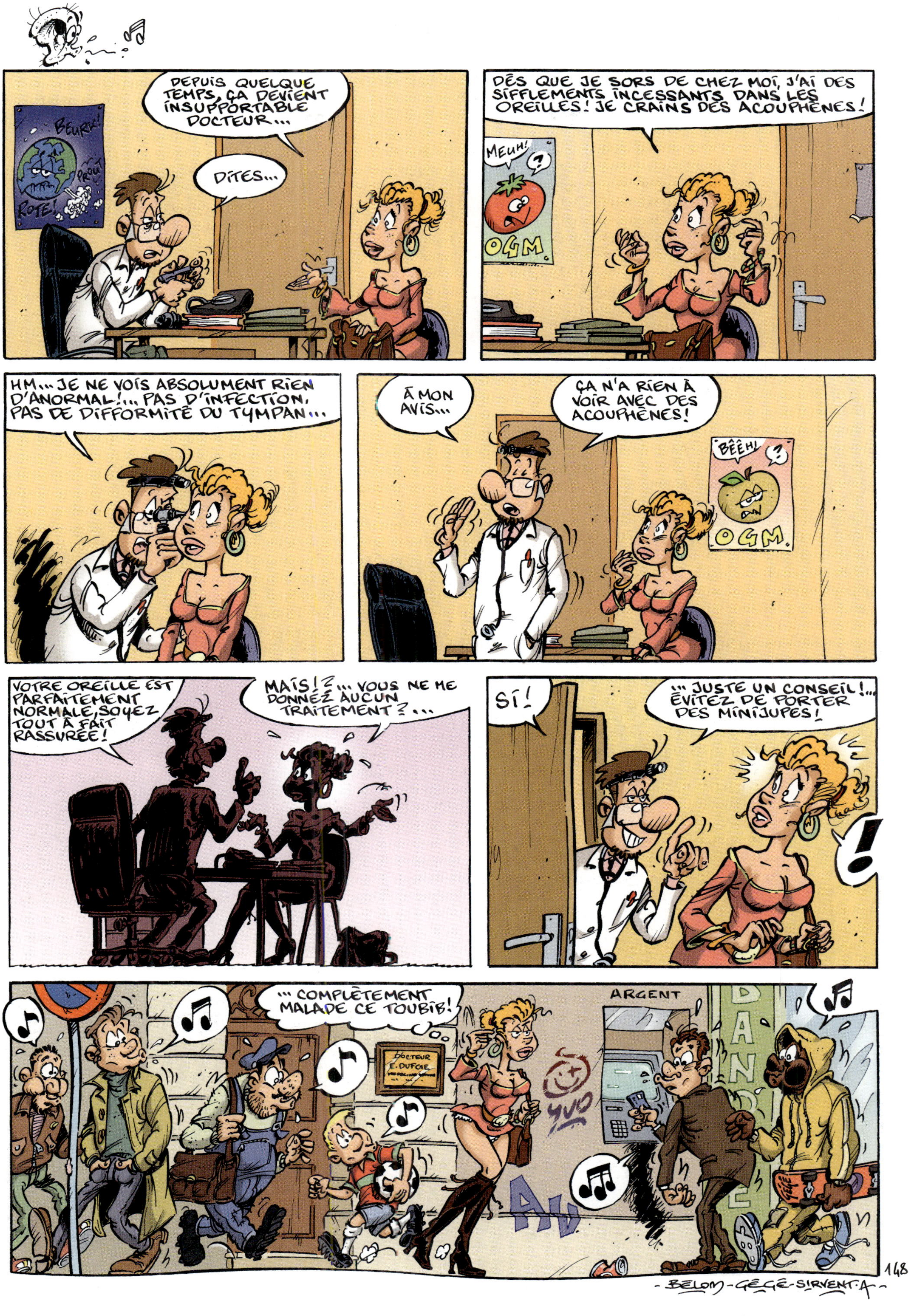
DEPUIS QUELQUE TEMPS, ÇA DEVIENT INSUPPORTABLE DOCTEUR...
DITES...
BEURK!
PROUT
ROTE!
DÈS QUE JE SORS DE CHEZ MOI, J'AI DES SIFFLEMENTS INCESSANTS DANS LES OREILLES! JE CRAINS DES ACOUPHÈNES!
MEUH!
OGM.
HM... JE NE VOIS ABSOLUMENT RIEN D'ANORMAL!... PAS D'INFECTION, PAS DE DIFFORMITÉ DU TYMPAN...
À MON AVIS...
ÇA N'A RIEN À VOIR AVEC DES ACOUPHÈNES!
BÊÊH!
OGM.
VOTRE OREILLE EST PARFAITEMENT NORMALE, SOYEZ TOUT À FAIT RASSURÉE!
MAIS!?... VOUS NE ME DONNEZ AUCUN TRAITEMENT?...
SI!
... JUSTE UN CONSEIL!... ÉVITEZ DE PORTER DES MINIJUPES!
... COMPLÈTEMENT MALADE CE TOUBIB!
ARGENT
BANQUE
DOCTEUR E. DUFOIE
148
BELOM - GÉGÉ - SIRVENT.A

ARRIVÉE
EH OUI ! C'EST BIEN LUI ! GRAIG CITRON, NOTRE CHAMPION PARMI LES CHAMPIONS, QUI FRANCHIT LA LIGNE, LARGEMENT DEVANT LE PELOTON, POUR LA 5E ANNÉE CONSÉCUTIVE !...
BAMBOO
YANNICK
ANGLE DE VUE
DANS MES BRAS GRAIGOU !
OÙ IL EST ?
ALLONS... SOURIS MON VIEUX... TOUTE LA PRESSE EST LÀ...
OÙ IL EST ?
GLOBAR
TU VEUX SAVOIR COMBIEN ON A GAGNÉ SUR CE COUP-LÀ ?
OÙ IL EST ?
EN EUROS ? ...
OÙ IL EST ?
JE VEUX SAVOIR OÙ EST CE DE TOUBIB AVEC SA POTION MIRACLE À LA
?
J'EN AI MARRE DE PÉDALER MOI !
HUM...
141
BELOM - CÉGÉ - SIRVENT - A

TAP TIP
TAP TAP TIP
TAP TIP
PSST!
...ODETTE!
N'AIE PAS PEUR !..
...F'EST MOI! CUNÉGONDE!... EST-CE QUE LE DOCTEUR PEUT ME RECEVOIR?
!
MON DIEU! CUNÉGONDE, C'EST TOI!?! JE NE T'AVAIS PAS RECONNUE! DANS QUEL ÉTAT ES-TU?
BEN... F'EST PAS LA GRANDE FORME...
TU ES PASSÉE SOUS UN ROULEAU COMPRESSEUR OU QUOI?
?
NON, NON, J'AI ÉTÉ BATTUE...
MAIS QUI T'A FAIT ÇA?
...MON MARI!
MAIS... JE CROYAIS QU'IL ÉTAIT PARTI UNE SEMAINE EN SÉMINAIRE!?!
?
MOI AUFFI!
!
154
BELOM-SÉGÉ-SIRVENT-A-

149

-BÉLOM-GÉGÉ-SIRVENT-A-

INCROYABLE !
!
VOUS AVEZ ENCORE PRIS CINQ KILOS MADAME DUGRAS !
... CINQ !
OUF !
C'EST PAS DE MA FAUTE DOCTEUR... J'Y ARRIVE PAS !
...IL FAUT QUE JE MANGE !
JE VAIS VOUS MONTRER UN PETIT EXERCICE DE GYMNASTIQUE TOUT SIMPLE À FAIRE !
VOUS TOURNEZ LA TÊTE VERS LA DROITE...
... COMME CECI.
PUIS VERS LA GAUCHE...
VOUS RÉPÉTEZ LE MOUVEMENT DEUX TROIS FOIS !
FACILE !... ET JE FAIS ÇA QUAND ?
POUR MON COEUR
À CHAQUE FOIS QU'ON VOUS PRÉSENTE UN PLAT !
- GÉGÉ - BELOM - SIRVENT . A -

PROOUFT !
AH DOCTEUR !... SÉRAPHIN, LE VISITEUR MÉDICAL DE PLACEBOX VOUDRAIT ABSOLUMENT VOUS VOIR AVANT VOTRE CONSULTATION !
!
JE VOUS PRÉVIENS SÉRAPHIN... JE N'AI PAS BEAUCOUP DE TEMPS !
...POIL AU TAON ! HI HI HI !
hic! hoc!
PLACEBOX
IL FAUT ABSOLUMENT QUE JE VOUS RACONTE LA DERNIÈRE HISTOIRE DRÔLE !
C'EST À PISSER DE RIRE !
C'EST UNE BLONDE QUI BLA BLA BLA BLA BLA BLA BLA BLA BLA BLA BLA BLA BLA BLA BLA BLA BLA BLA BLA BLA BLA BLA BLA BLA BLA BLA BLA BLA BLA BLA BLA BLA BLA BLA BLA B BLA BLA BLA BLA B A BLA BLA BLA BLA BLA BLA LA BLA B BLA BL BLA BLA...
PLACEBOX
BON, EXCUSEZ-MOI JE DOIS Y ALLER MAINTENANT...
?!?
VOUS AVEZ VOS RADIOS ?
BIEN SÛR DOCTEUR, LES VOILÀ !
WOUAHOUHOU HIHAHA HIHI PFFAHA HAHAHA
HIHI
!
HOU HOU
JE VIENS DE LA COMPRENDRE !
HI HI HI HI HI HI HI
ELLE EST VRAIMENT TROP !... SACRÉ SÉRAPHIN ! AH LA VACHE !
JE VAIS ÊTRE COURAGEUSE DOCTEUR... DITES-MOI TOUT !
?
?
BOM BOM
140
- BELOM - GÉGÉ - SIRVENT A -

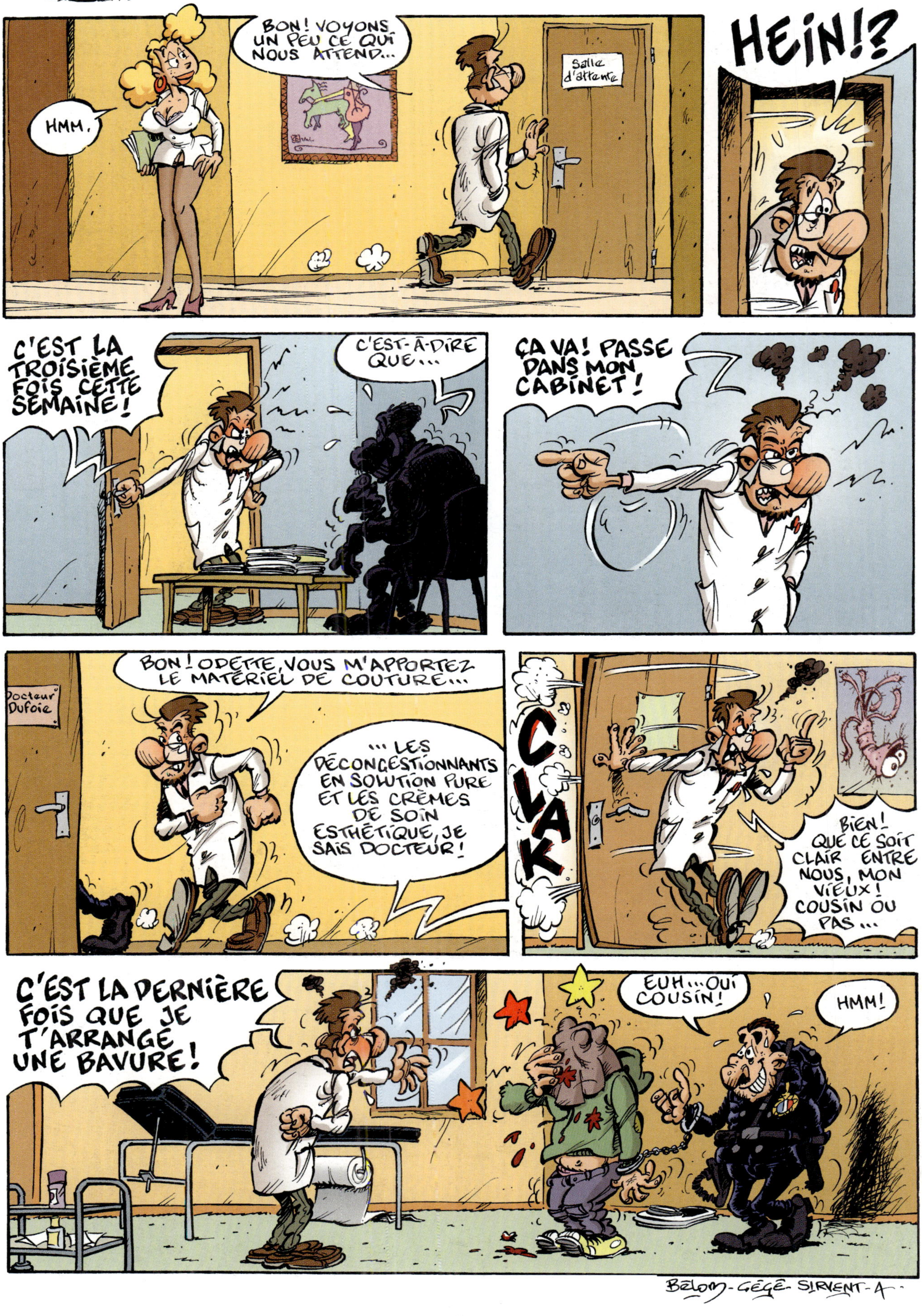
HMM.
BON ! VOYONS UN PEU CE QUI NOUS ATTEND...
Salle d'attente
HEIN !?
C'EST LA TROISIÈME FOIS CETTE SEMAINE !
C'EST-À-DIRE QUE...
ÇA VA ! PASSE DANS MON CABINET !
Docteur Dufoie
BON ! ODETTE, VOUS M'APPORTEZ LE MATÉRIEL DE COUTURE...
... LES DÉCONGESTIONNANTS EN SOLUTION PURE ET LES CRÈMES DE SOIN ESTHÉTIQUE, JE SAIS DOCTEUR !
CLAK
BIEN ! QUE CE SOIT CLAIR ENTRE NOUS, MON VIEUX ! COUSIN OU PAS...
C'EST LA DERNIÈRE FOIS QUE JE T'ARRANGE UNE BAVURE !
EUH... OUI COUSIN !
HMM !
Bélom - Gégé - Sirvent - A.

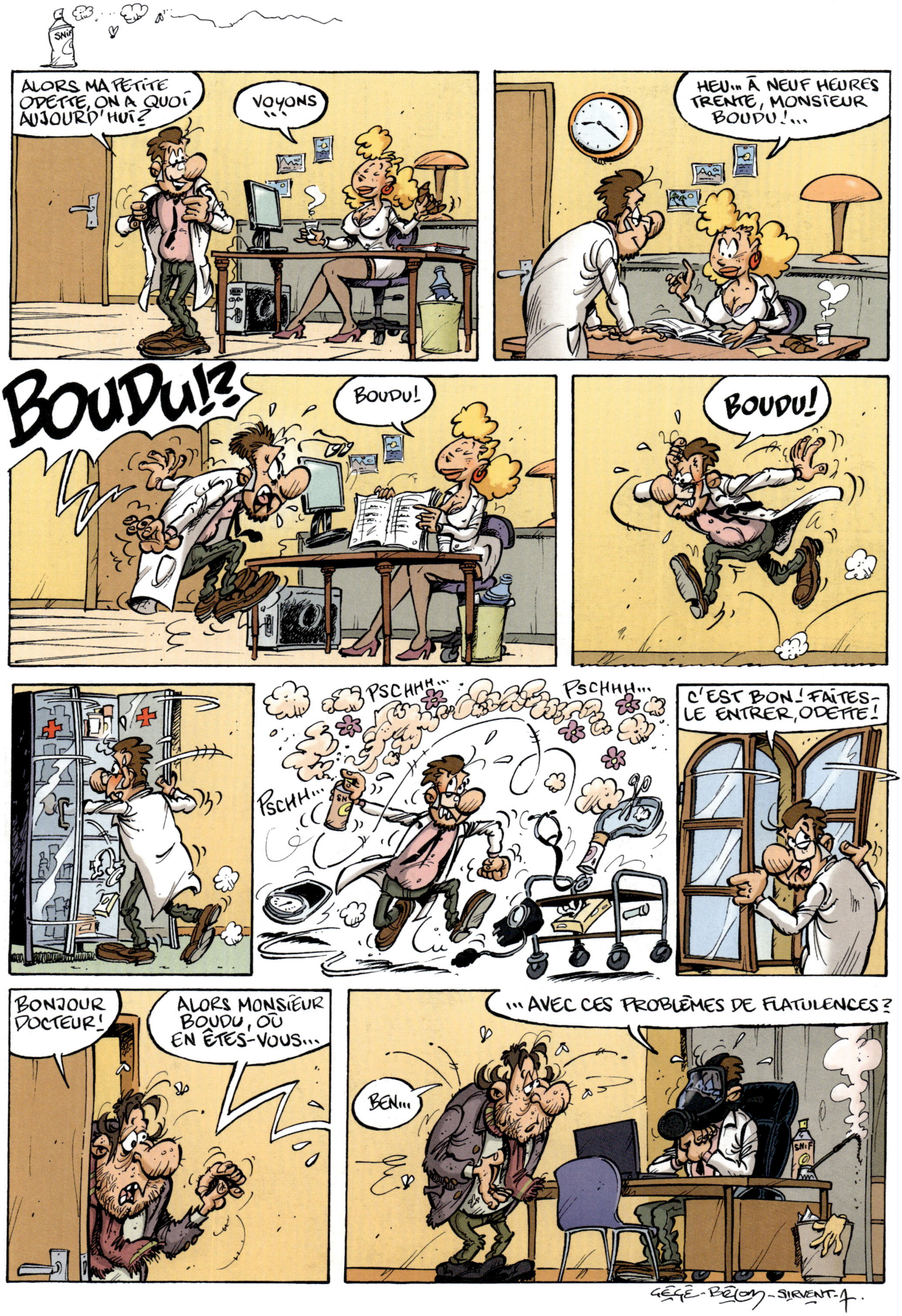

ALORS MA PETITE ODETTE, ON A QUOI AUJOURD'HUI ?
VOYONS ...
HEU... À NEUF HEURES TRENTE, MONSIEUR BOUDU !...
BOUDU !?
BOUDU !
BOUDU !
PSCHHH...
PSCHHH...
PSCHHH...
C'EST BON ! FAITES-LE ENTRER, ODETTE !
BONJOUR DOCTEUR !
ALORS MONSIEUR BOUDU, OÙ EN ÊTES-VOUS...
... AVEC CES PROBLÈMES DE FLATULENCES ?
BEN...
GÉGÉ - BÉLOM - SIRVENT

CENTRE HOSPIT
CENTRE HOSPITALIER VINCENT V.GOGH
ON VIENT POUR VISITER MONSIEUR LACHAINE...
MONSIEUR LACHAINE... VOYONS...
AH! C'EST LE MONSIEUR QUI A EU UN ACCIDENT AVEC SA TRONÇONNEUSE?!...
OUI C'EST ÇA!
LE PÔVRE! SA TRONÇONNEUSE LUI A ÉCHAPPÉ DES MAINS... ET ELLE A REBONDI PLUSIEURS FOIS SUR LE SOL AVANT DE S'ARRÊTER!
QUELLE HORREUR!
J'IMAGINE!
POROSK
HEU... VOUS AVEZ SON NUMÉRO DE CHAMBRE?
BIEN SÛR!
SNIF
SNIF
CHAMBRES 58, 59, 60 ET 61!
MERCI!
ACCUEIL
ASCENSEURS
147
BELOM - GÉGÉ - SIRVENT - A

TIENS! BONJOUR BELLE-MAMAN! QUELLE JOIE DE VOUS VOIR!
TENEZ EUGÈNE LE DESSERT!
VOUS AURIEZ PU VOUS RASER AUJOURD'HUI! MÊME SI C'EST DIMANCHE! TSSS...
C'EST TOI QUI ME RASES ROMBIÈRE!
IL EST OÙ MON GRAND DADAIS DE PETIT-FILS, SPÉCIALISTE DE LA PREMIÈRE ANNÉE DE MÉDECINE À RALLONGE!
ALORS MAMAN! C'ÉTAIT BON?
MA FOI, TU FAIS DES PROGRÈS EN CUISINE! D'ICI QUELQUES ANNÉES, ÇA SERA POTABLE! HEUREUSEMENT J'AI APPORTÉ UNE GALETTE DES ROIS!
HIHIHI... DANS LA GALETTE C'EST LA COURONNE QUE JE PRÉFÈRE... J'ADORE AVOIR LA COURONNE!
HUMMM... MIAM MIAM!
GLOUP!
?!
GLÔÔÔP!
EUGÈNE! ELLE S'ÉTOUFFE! FAIS QUELQUE CHOSE!
HM?...
PAF
AVEC PLAISIR!
SGLOUP!
C'EST LA FÈVE ÇA?... ON DIRAIT UN DENTIER...
MEFCI EUVÈNE!
EH BIEN BELLE-MAMAN! ON A FAILLI L'AVOIR SA JOLIE COURONNE!... ET AVEC DES FLEURS EN PLUS! DOMMAGE!
- GÉGÉ-BELOM - SIRVENT. A -

VOUS ÊTES PRÊTE MADAME MARTINAUD? C'EST CE MATIN QU'ON ENLÈVE VOS PANSEMENTS...
CLINIQUE
CHIRURGIE ESTHÉTIQUE
BLING!
ALLEZ-Y DOUCEMENT MADEMOISELLE...
MAGNIFIQUE! LE RÉSULTAT EST ÉPATANT!
PASSEZ UN MIROIR À MADAME MARTINAUD!
HAAAAAA
?!?
?!!
QUOI? QU'EST-CE QU'IL Y A QUI NE VA PAS?!?
?
?
C'EST AFFREUX ...BOUHHH!
J'AI FAIT EXACTEMENT CE QUE VOUS AVIEZ SOUHAITÉ! LA RESSEMBLANCE AVEC LE MODÈLE EST ABSOLUMENT PARFAITE...
C'EST VRAI DOCTEUR... ON DIRAIT VRAIMENT ELLE!
C'ÉTAIT BIEN À BRIGITTE BARDEAU QUE VOUS VOULIEZ RESSEMBLER?
OUI OU NON?
!
BEN OUI DOCTEUR...
...MAIS ELLE EN 1960! PAS AUJOURD'HUI! BOUHHHH!
JE PEUX VOUS DEMANDER UN AUTOGRAPHE?
177
BÉLOM - GÉGÉ - SIRVENT - A

...APRÈS MA DOUZIÈME GROSSESSE, J'AI PRIS BEAUCOUP DE POIDS ET... SNIF
HOULA! MAIS ÇA M'A TOUT L'AIR D'UNE GROSSE DÉPRIME ÇA MADAME BONIS!
SNÔRF!
GROSSE!... BOUUUHHH
!
PARDON PARDON...
JE VOULAIS DIRE "UNE DÉPRIME UN PEU ENVELOPPÉE"!
POÏN ♫
ET PUIS VOUS SAVEZ... ÇA N'EST PAS L'APPARENCE QUI COMPTE! C'EST LA BEAUTÉ INTÉRIEURE! CELLE DE L'ÂME...
SNÔRF!
OUI MAIS QUAND MÊME! AVEC LES HOMMES...
EH BIEN JUSTEMENT! JE VAIS VOUS DIRE UNE CHOSE!
SNÔRF!
LES HOMMES PRÉFÈRENT LES GROSSES!
NON! VOUS CROYEZ?! PAS TOUS QUAND MÊME!?
SI! TOUS!
DOUX NOEUDS
ODETTE!
!!
DOUX NOEUDS
MAIS FAITES QUELQUE CHOSE!... APPELEZ LES POMPIERS... FAITES VENIR UNE GRUE... UN SPÉCIALISTE DES CÉTACÉS!... N'IMPORTE QUOI! PAR PITIÉ!
MON GROS LAPIN BLANC!
SMAK SMAK
MON ♥ TOTO
171.
BÉLOM. SÉGÉ - SIRVENT. A -

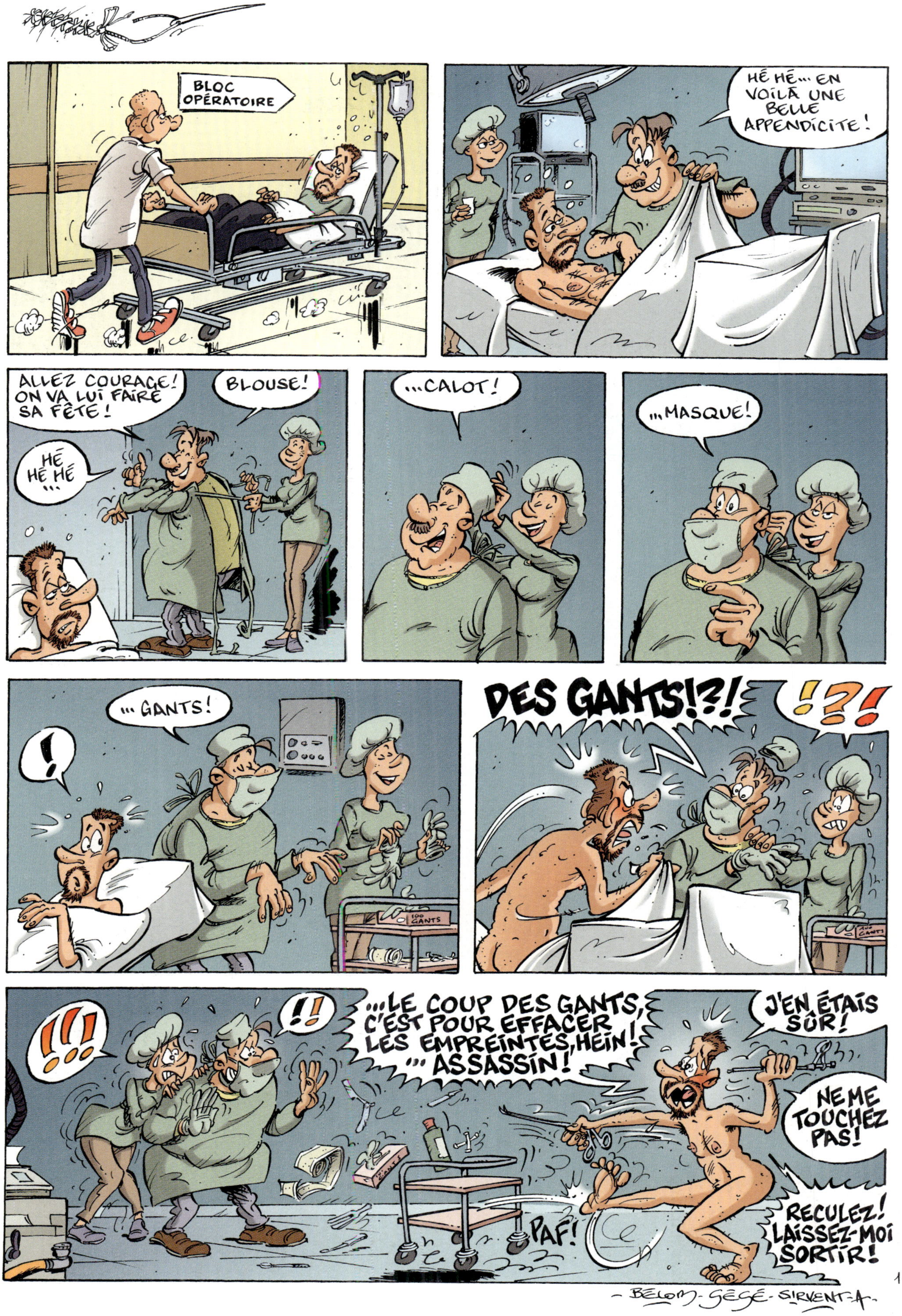
BLOC OPÉRATOIRE
HÉ HÉ... EN VOILÀ UNE BELLE APPENDICITE !
ALLEZ COURAGE ! ON VA LUI FAIRE SA FÊTE !
BLOUSE !
HÉ HÉ HÉ ...
...CALOT !
...MASQUE !
... GANTS !
!
100 GANTS
DES GANTS !?!
!?!
...LE COUP DES GANTS, C'EST POUR EFFACER LES EMPREINTES, HEIN ! ... ASSASSIN !
!!!
!!
J'EN ÉTAIS SÛR !
NE ME TOUCHEZ PAS !
PAF !
RECULEZ ! LAISSEZ-MOI SORTIR !
170.
- BÉLOM - GÉGÉ - SIRVENT - A -

143.

BELOM GÉGÉ-SIRVENT-A.

AH! DOCTEUR!... MA FEMME SOUFFRE LE MARTYRE! ELLE A UNE ARÊTE DANS LA GORGE!
VITE!
C'EST UNE ARÊTE DE CABILLAUD!
DU SAUVAGE!
OUVREZ LA BOUCHE EN GRAND!
OUUUHH
SURTOUT, LAISSEZ LA BOUCHE GRANDE OUVERTE!
JE VEUX PAS VOIR ÇA!
BOUUHH
LÀ! JE L'AI! WOUAH... C'EST PAS UNE ARÊTE, C'EST UN VRAI POTEAU!
ÇA Y EST... DÉJÀ?
UN BEAU MORCEAU!
DU CABILLAUD!
BIEN FRAIS!
PAPA! TÉLÉPHONE POUR TOI!
À CETTE HEURE-CI!!!
QU'EST-CE QUE C'EST?
... MONSIEUR LALOTTE?! OUI, JE VOIS... L'ARÊTE DANS LE GOSIER DE MADAME! ET ALORS?!!
HEIN?! BEN ÉVIDEMMENT! CETTE QUESTION!?!
!?!
!?
JE M'EN DOUTAIS! MAIS COMME VOUS L'AVIEZ PAS DIT...
TOC TOC TOC
C'EST BON CHÉRIE! LE DOCTEUR A DIT QUE TU POUVAIS REFERMER LA BOUCHE!
CLAC!
AAAAAA
169.
BÉLOM GÉGÉ - SIRVENT. A.

C'EST MON PATERNEL QUI DOIT ME PRENDRE... IL A DÉJÀ DEUX HEURES DE RETARD!
FACULTÉ DE MÉDECIN
CHARNAY LES M
À OLIVIER SULPICE
NOTRE BIENFAITEUR
DÉSOLÉ FISTON...
BEN OUAIS...
AH! DOCTEUR, IL Y A LE REPRÉSENTANT MÉDICAL QUI VOUS ATTEND DEPUIS DIX HUIT-HEURES...
...DÉSOLÉ MA PETITE ODETTE!
ÉVIDEMMENT! TOUJOURS À LA BOURRE EUGÈNE !?!
CLUB D BRIDGE
DÉSOLÉ LES GARS...
C'EST SÛR MAINTENANT ÇA VA ÊTRE FROID!
DÉSOLÉ CHÉRIE...
JOYEUX ANNIVERSAIRE QUAND MÊME!
OHH!
ÇA C'EST GENTIL... QU'EST-CE QUE ÇA PEUT BIEN ÊTRE?
?
UNE MONTRE!?!
!?!
172.
BÉLOM · SÉGÉ · SIRVENT · A ·

167.

BÉLOM - SÉGÉ - SIRVENT-A -

CLAP!
... CHAMBRE 24 !
JE SAIS, JE SAIS...
MERCI !
ATTENTION
La Grippe à Bière
ALORS TU ES PRÊTE MA CHÉRIE ?
VOILÀ VOILÀ ...
LE TEMPS DE RANGER TOUT ÇA DANS LES VALISES...
C'EST BON ! ON Y VA !
JE SUIS BIEN CONTENTE DE RENTRER !
LA VOITURE EST AU PARKING !
AU REVOIR !
?!?
ATTENTION
La Grippe à Bière
MATERNITÉ
HÉ ! VOUS OUBLIEZ LE...
MATERNITÉ
OUIINNN !
PFOUHHH ! QUELLE SEMAINE ! JE M'EN SOUVIENDRAI !
ET MOI DONC !
158
- BÉLOM - GÉGÉ - SIRVENT - A -

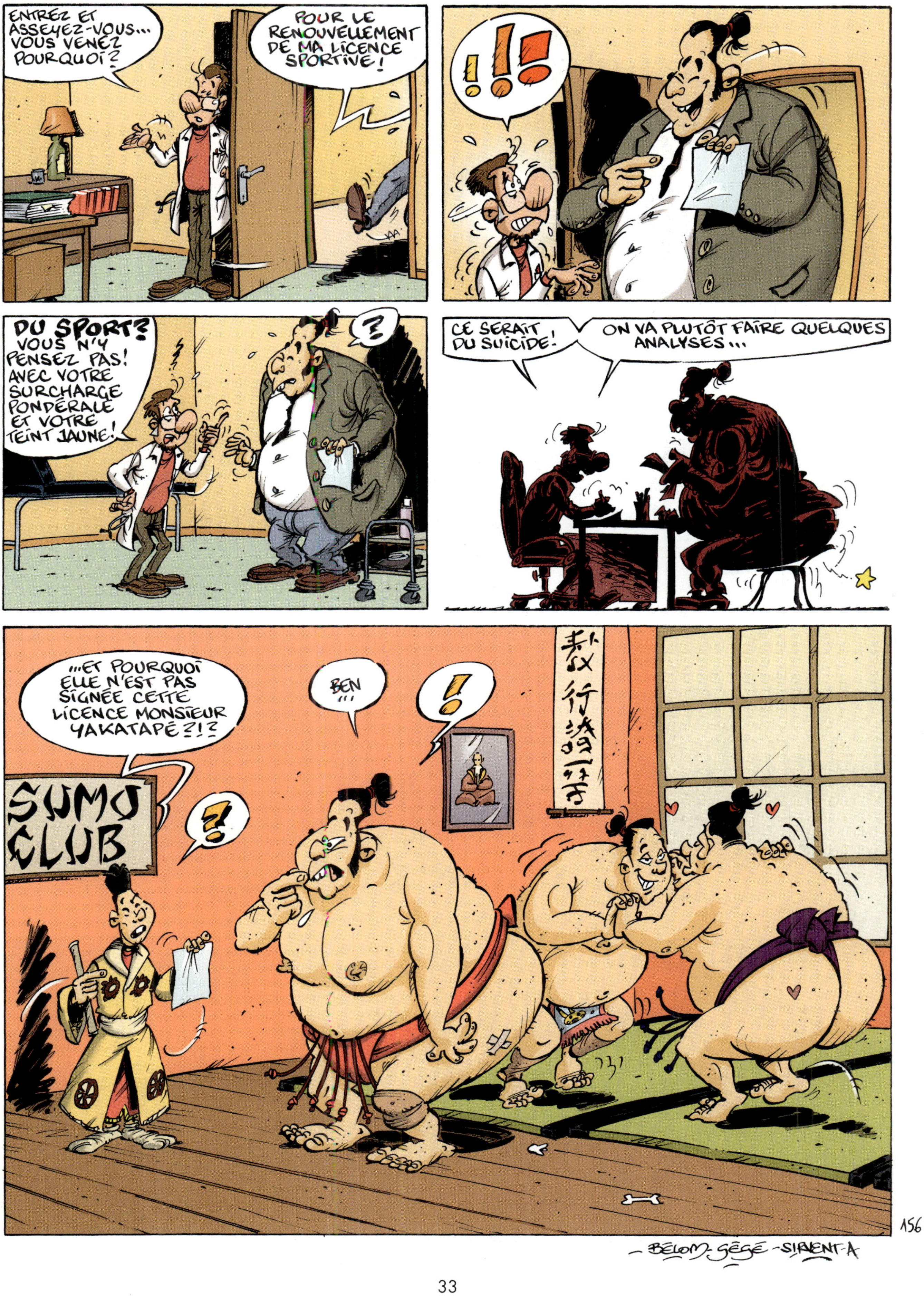
ENTREZ ET ASSEYEZ-VOUS... VOUS VENEZ POURQUOI ?
POUR LE RENOUVELLEMENT DE MA LICENCE SPORTIVE !
! ! !
DU SPORT ? VOUS N'Y PENSEZ PAS ! AVEC VOTRE SURCHARGE PONDÉRALE ET VOTRE TEINT JAUNE !
?
CE SERAIT DU SUICIDE !
ON VA PLUTÔT FAIRE QUELQUES ANALYSES...
...ET POURQUOI ELLE N'EST PAS SIGNÉE CETTE LICENCE MONSIEUR YAKATAPÉ ?!?
BEN ...
!
SUMO CLUB
?
156
BELOM - GÉGÉ - SIRVENT - A

C'EST POUR UN BILAN GÉNÉRAL ?
EUH... OUI.
PENSEZ À VOTRE CARTE VITALE
CENTRE D'EXAMEN DE LA SÉCURITÉ SOCIALE
DONC, EXAMEN DE SANG, D'URINES ET DE SELLES ?...
EUH... OUI.
TAP TAP
ÉLECTROCARDIOGRAMME...
OUI.
URÉE ?
OUI.
TAP TAP
TOUCHER RECTAL POUR LA PROSTATE...
TAP TAP
AH NON ! NON NON... PAS DU TOUT !... EUH, NON NON NON... PAS ÇA !
MON MÉDECIN TRAITANT S'OCCUPE DE ÇA ET...
BIEN ! PASSEZ EN SALLE D'ATTENTE !
C'EST GAGNE PAIN
BONJOUR SIMONE !
BONJOUR DOCTEUR !
FAITES ENTRER LA PREMIÈRE PERSONNE, SIMONE !
NOTRE GAGNE PAIN !
C'EST NOTRE GAGNE PAIN !
HEU... POUR LE TOUCHER RECTAL... FINALEMENT... ...HEU... JE...
?!
146.
BÉLOM - GÉGÉ - SIRVENT - A

AAAAAAA
ENFIN MONSIEUR PAVAROTY ...
...ON VOUS L'A DÉJÀ DIT!... QUAND LE DOCTEUR VOUS MONTRE UNE LETTRE PLUS GROSSE QUE LES AUTRES...
!
... ÇA NE VEUT PAS DIRE QU'IL FAUT LA CRIER PLUS FORT!
JE VOIS ...
145.
BÉLOM - GÉGÉ - SIRVENT. A.

BÉLOM - GÉGÉ - SIRVENT - A - 2005

GRRRR!
HM...
ÇA FAIT LONGTEMPS QU'IL EST COMME ÇA ?
BEN... OUI !
MOUAIS ...
QU'EN PENSEZ-VOUS DOCTEUR ?
ON PEUT DIRE QU'IL EST VRAIMENT ACCRO !... IL AURAIT FALLU VENIR PLUS TÔT !
...ON... ON PENSAIT QU'IL ALLAIT DÉCROCHER TOUT SEUL !
NON MADAME, IL NE FAUT PAS CROIRE ÇA !!
MAINTENANT QU'IL A GOÛTÉ, IL NE LÂCHERA PAS, CROYEZ-MOI !
EN ATTENDANT, VOTRE MARI EST DÉPENDANT DE SA BONNE VOLONTÉ ET MALHEUREUSEMENT ÇA DÉPASSE MES COMPÉTENCES !
JE VAIS VOUS ENVOYER CHEZ UN SPÉCIALISTE ! VOUS VERREZ...
... C'EST UN EXCELLENT VÉTÉRINAIRE !
MERCI DOCTEUR !
GRRR
142
- BELOM - GÉGÉ - SIRVENT -

J'AI LES RÉSULTATS DE VOS ANALYSES...
JE NE VOUS CACHERAI PAS QUE CE N'EST PAS BRILLANT BRILLANT...
VOUS POUVEZ QUAND MÊME FAIRE QUELQUE CHOSE DOCTEUR?
BEN ...
!!
HUM... IL Y A PEUT-ÊTRE UN TRUC QU'ON PEUT ESSAYER...
AH...
ALLEZ-Y DE MA PART! C'EST DE L'AUTRE CÔTÉ DE LA RUE!
AGENCE DE VOYAGES
TOUR
CHARNAY S MACON
IRAK
AGENCE DE VOYAGES
RAPPELEZ-MOI LA DESTINATION?
DIERECTION
LE MONDE DE DEMAIN
Club Medre
PÔLE NORD
...LOURDES!
UN ALLER SIMPLE!... ON VERRA APRÈS!
Ne Pas déranger
-BéLom-GéGé-SIRVENT.A-

CHÉRI! C'EST POUR TOI!
?
C'EST LE CHIRURGIEN QUI T'A OPÉRÉ DE L'ESTOMAC...
?
EUH OUI OUI... C'EST BIEN MOI...
?
?
DE VINCI
AH BON?!... VOUS AURIEZ BESOIN DE MOI LE SAMEDI 24... LA SOIRÉE ENTIÈRE... AH?
JE NE SERAI PAS TOUT SEUL?!? HEU... OUI, ÇA ME RASSURE UN PEU...
AVEC D'AUTRES OPÉRÉS ...
?
BON D'ACCORD, VOUS POUVEZ COMPTER SUR MOI... VINGT HEURES PRÉCISES? BIEN!
?...
TU NE VAS PAS ME CROIRE...
... DIS TOUJOURS!
BLIP!
ON A BESOIN DE MOI LE 24... TOUTE LA SOIRÉE!
TOI?
MA PRÉSENCE EST IN-DIS-PEN-SA-BLE!
ET POURQUOI?
151.
SUITE

Samedi 24 Juin
EXPO
PROFESSEUR KOUTURE
MES PLUS BELLES CICATRICES
Rétrospective.
J'AVOUE QUE QUAND IL M'A APPELÉE J'AI UN PEU HÉSITÉ ! ET PUIS...
C'EST VRAI QUE C'EST PAS BANAL COMME IDÉE...
1957
2004
2002
1998
1999
1987
1983
VRAIMENT PROFESSEUR ! ...J'AIME BEAUCOUP CE QUE VOUS FAITES !
C'EST GENTIL !
152
- BELOM - GÉGÉ - SIRVENT.A -

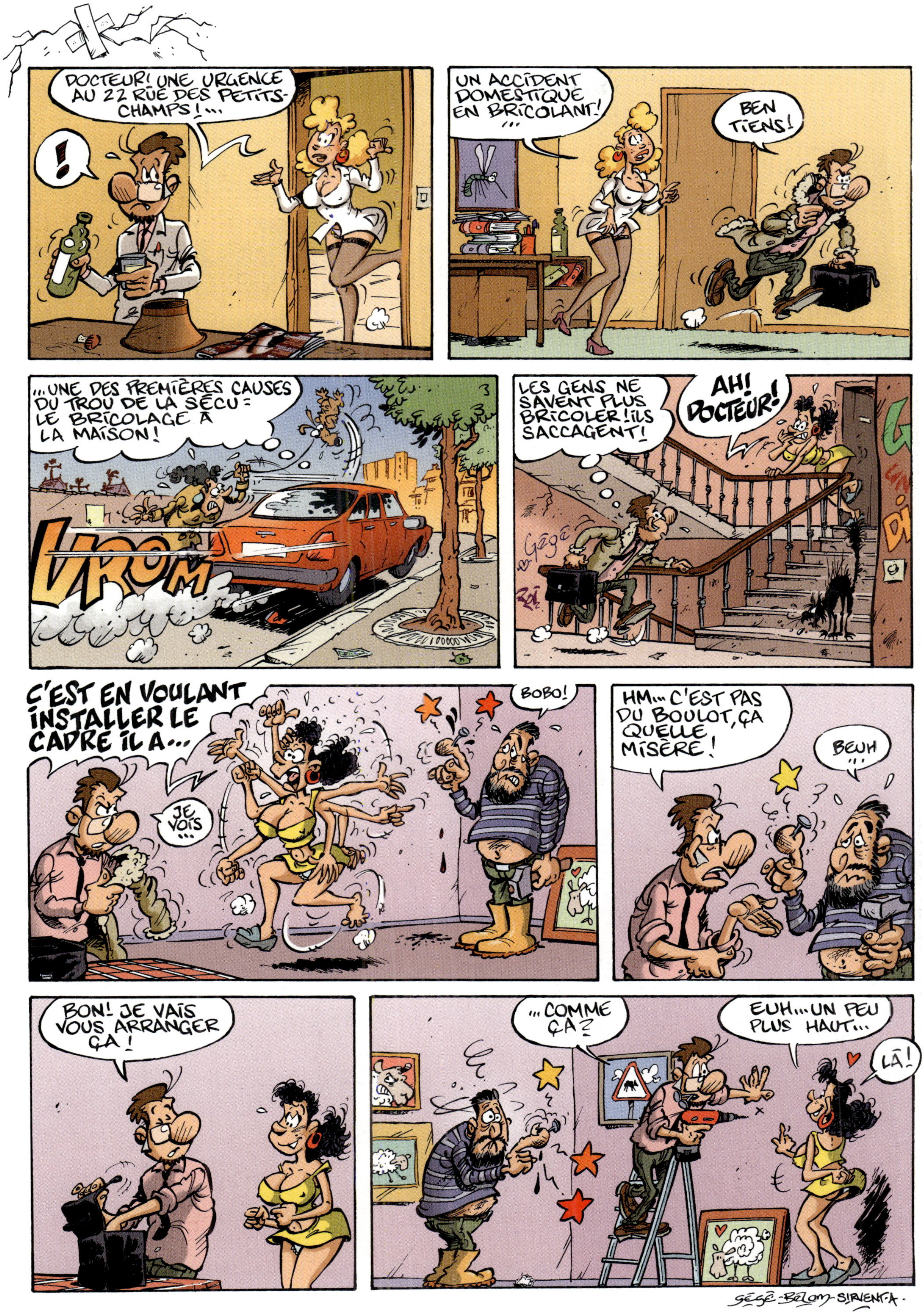
DOCTEUR! UNE URGENCE AU 22 RUE DES PETITS-CHAMPS!...
!
UN ACCIDENT DOMESTIQUE EN BRICOLANT!...
BEN TIENS!
...UNE DES PREMIÈRES CAUSES DU TROU DE LA SÉCU = LE BRICOLAGE À LA MAISON!
VROOM
LES GENS NE SAVENT PLUS BRICOLER! ILS SACCAGENT!
AH! DOCTEUR!
C'EST EN VOULANT INSTALLER LE CADRE IL A...
JE VOIS...
BOBO!
HM... C'EST PAS DU BOULOT, ÇA QUELLE MISÈRE!
BEUH...
BON! JE VAIS VOUS ARRANGER ÇA!
...COMME ÇA?
EUH... UN PEU PLUS HAUT...
LÀ!
GÉGÉ-BÉLOM-SIRVENT-A.

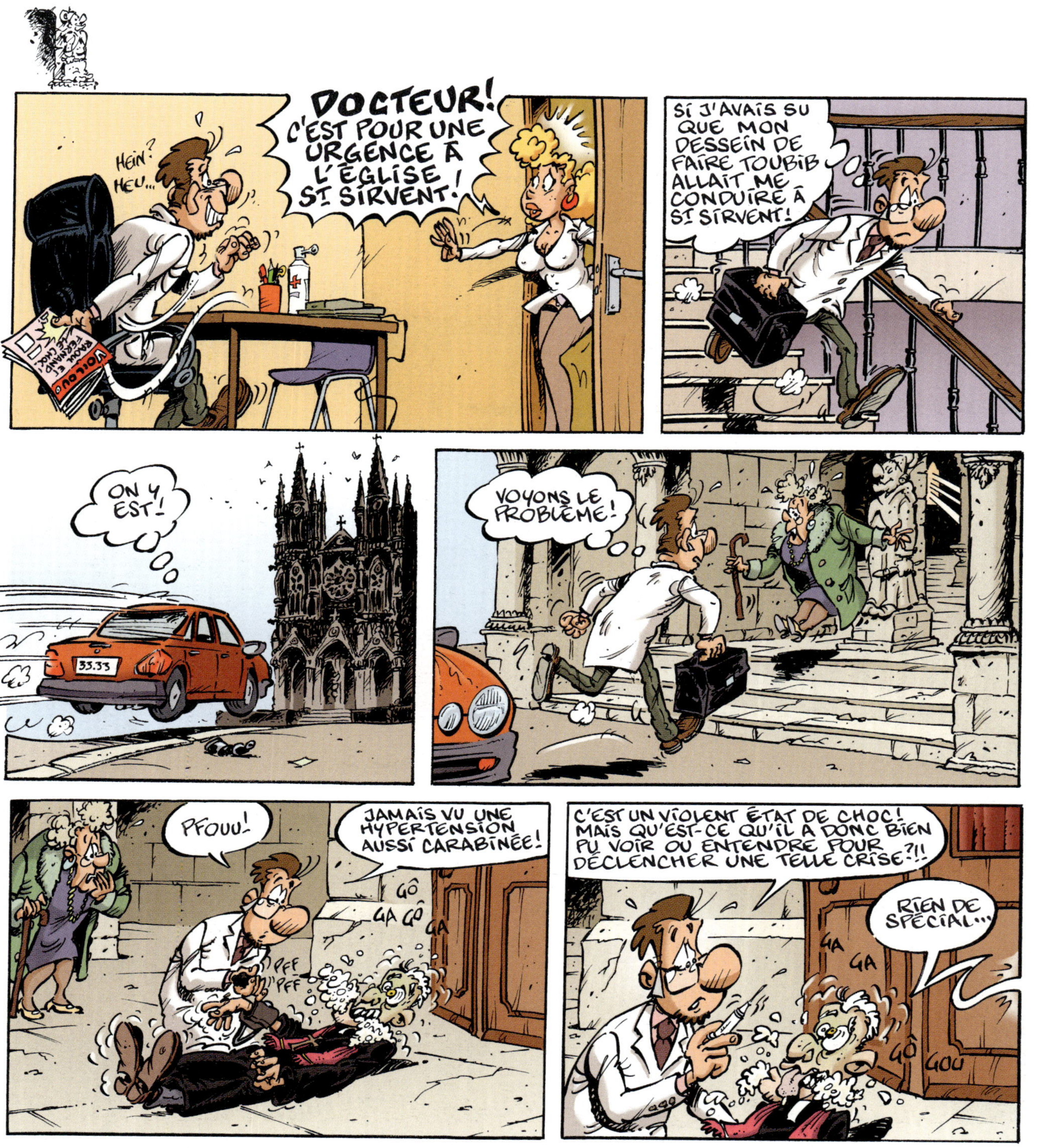

- BÉLOM - GÉGÉ - SIRVENT - A -

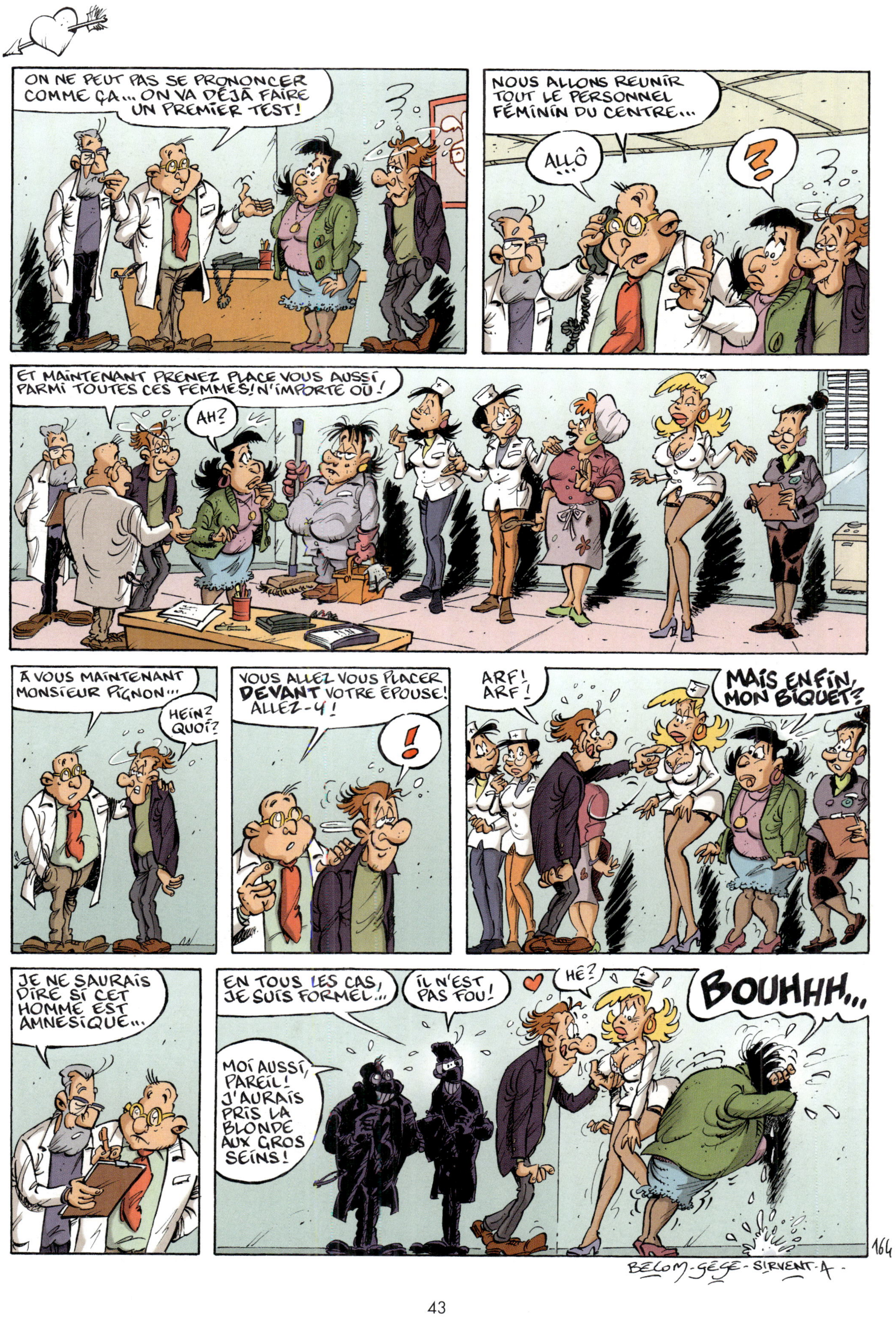
ON NE PEUT PAS SE PRONONCER COMME ÇA... ON VA DÉJÀ FAIRE UN PREMIER TEST!
NOUS ALLONS RÉUNIR TOUT LE PERSONNEL FÉMININ DU CENTRE...
ALLÔ...
?
ET MAINTENANT PRENEZ PLACE VOUS AUSSI PARMI TOUTES CES FEMMES! N'IMPORTE OÙ!
AH?
À VOUS MAINTENANT MONSIEUR PIGNON...
HEIN? QUOI?
VOUS ALLEZ VOUS PLACER DEVANT VOTRE ÉPOUSE! ALLEZ-Y!
!
ARF! ARF!
MAIS ENFIN, MON BIQUET?
JE NE SAURAIS DIRE SI CET HOMME EST AMNÉSIQUE...
EN TOUS LES CAS, JE SUIS FORMEL...
IL N'EST PAS FOU!
HÉ?
BOUHHH...
MOI AUSSI, PAREIL! J'AURAIS PRIS LA BLONDE AUX GROS SEINS!
164
BÉLOM - GÉGÉ - SIRVENT - A -

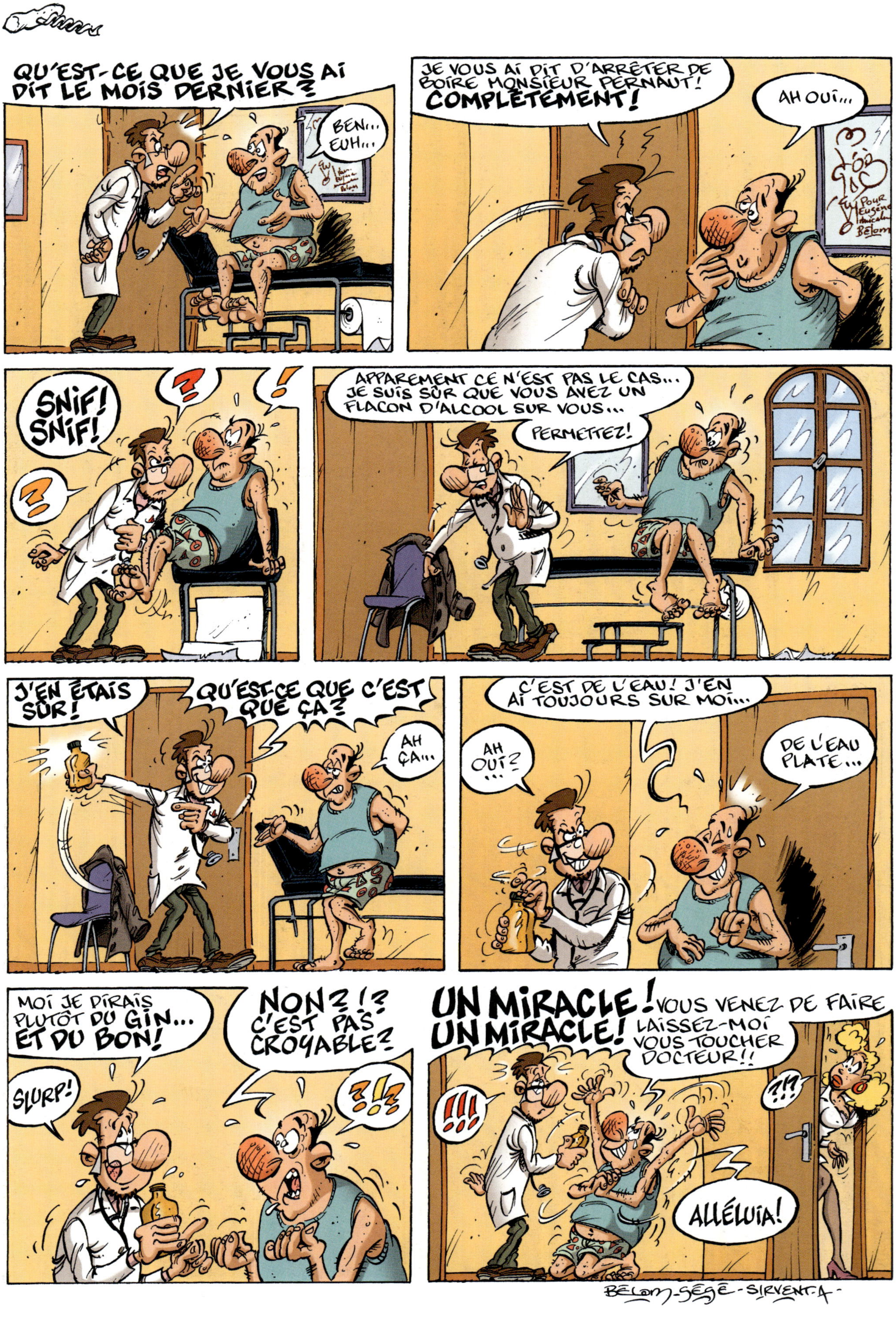
QU'EST-CE QUE JE VOUS AI DIT LE MOIS DERNIER ?
BEN... EUH...
JE VOUS AI DIT D'ARRÊTER DE BOIRE MONSIEUR PERNAUT ! COMPLÈTEMENT !
AH OUI...
SNIF ! SNIF !
?
!
?
APPAREMENT CE N'EST PAS LE CAS... JE SUIS SÛR QUE VOUS AVEZ UN FLACON D'ALCOOL SUR VOUS...
PERMETTEZ !
J'EN ÉTAIS SÛR !
QU'EST-CE QUE C'EST QUE ÇA ?
AH ÇA...
C'EST DE L'EAU ! J'EN AI TOUJOURS SUR MOI...
AH OUI ? ...
DE L'EAU PLATE...
MOI JE DIRAIS PLUTÔT DU GIN... ET DU BON !
SLURP !
NON ? ! ? C'EST PAS CROYABLE ?
?!?
UN MIRACLE ! UN MIRACLE !
VOUS VENEZ DE FAIRE
LAISSEZ-MOI VOUS TOUCHER DOCTEUR !!
!!!
?!?
ALLÉLUIA !
168.
BÉLOM-SÉGÉ-SIRVENT-A-

LE FISTON EST RENTRÉ DE LA FAC ?
OUI OUI ! ...
IL EST MONTÉ DANS SA CHAMBRE AVEC UNE COPINE POUR RÉVISER L'EXAMEN DE DEMAIN !
BIEN ...
C'EST UN EXAM SUR QUOI ?
AH... JE NE SAIS PAS, J'AI PAS DEMANDÉ !
TV
ILS VONT ME LE DIRE !
...CURIEUX DE CONNAITRE LES PROGRAMMES D'AUJOURD'HUI !
C'EST MOI JE...
BASKET DUNK
!!!
OUPS!
CLAC
ALORS ? C'EST QUOI CE SUJET D'EXAM ?
PLANS DE CARRIÈRE
...LA...LA REPRODUCTION, JE PENSE ! ILS ÉTAIENT AUX TRAVAUX PRATIQUES IL Y A UN INSTANT...
HUM...
?!?
BÉLOM-SÉGÉ-SIRVENT-A-

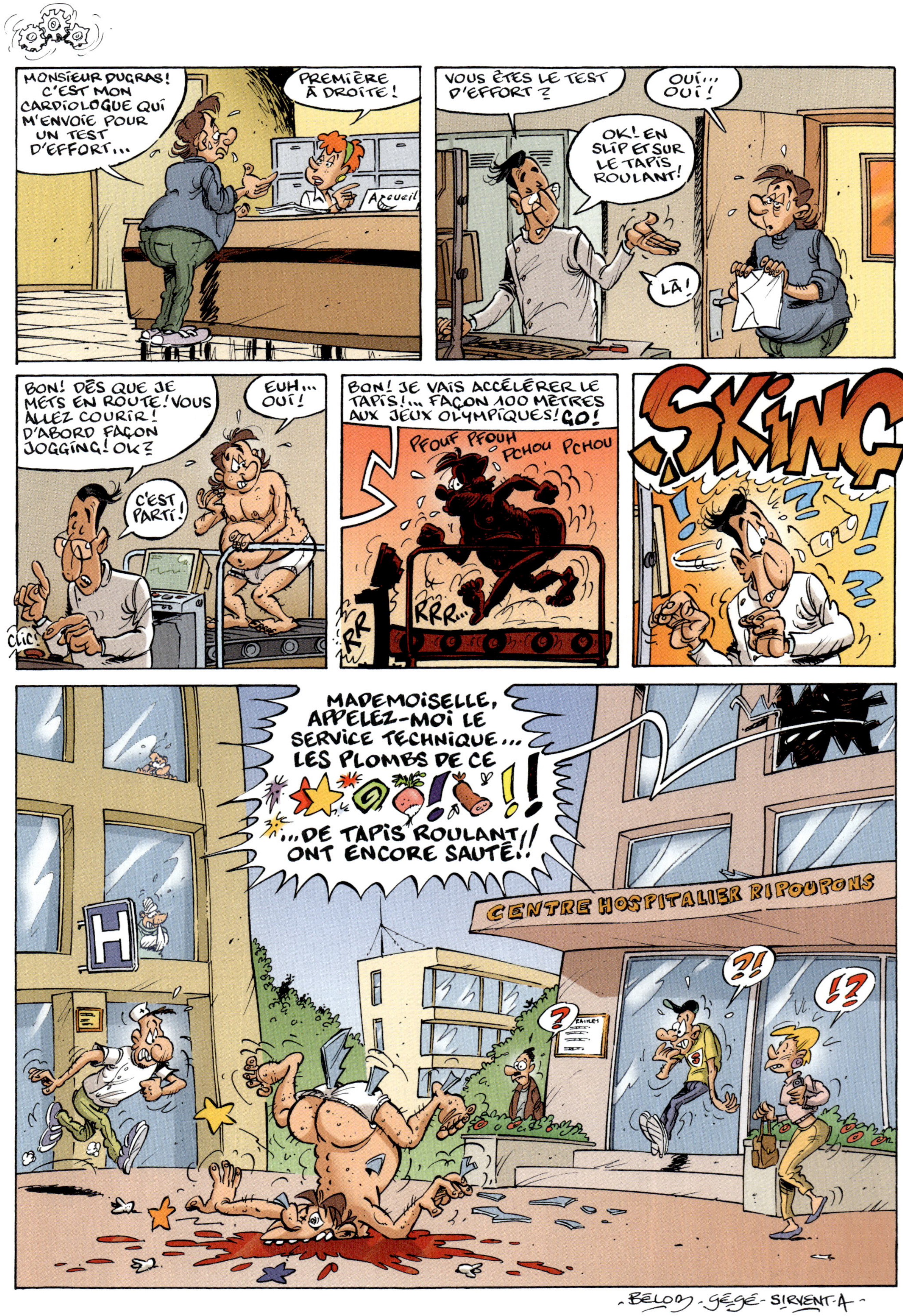
MONSIEUR DUGRAS ! C'EST MON CARDIOLOGUE QUI M'ENVOIE POUR UN TEST D'EFFORT...
PREMIÈRE À DROITE !
Accueil
VOUS ÊTES LE TEST D'EFFORT ?
OUI... OUI !
OK ! EN SLIP ET SUR LE TAPIS ROULANT !
LÀ !
BON ! DÈS QUE JE METS EN ROUTE ! VOUS ALLEZ COURIR ! D'ABORD FAÇON JOGGING ! OK ?
EUH... OUI !
C'EST PARTI !
CLIC !
BON ! JE VAIS ACCÉLÉRER LE TAPIS !... FAÇON 100 MÈTRES AUX JEUX OLYMPIQUES ! GO !
PFOUF PFOUH PCHOU PCHOU
RR
RRR...
SKING
MADEMOISELLE, APPELEZ-MOI LE SERVICE TECHNIQUE... LES PLOMBS DE CE !! ...DE TAPIS ROULANT ONT ENCORE SAUTÉ !!
CENTRE HOSPITALIER RIPOUPONS
H
?!
!?
?
173.
BELOM - GÉGÉ - SIRVENT - A -

À découvrir aux éditions BAMBOO

LES PROFS - 8 tomes

1 - INTERRO SURPRISE
2 - LOTO ET COLLES
3 - TOHU-BAHUT
4 - RENTRÉE DES ARTISTES
5 - CHUTE DES COURS
6 - CLASSE TOURISTE
7 - MISE EN EXAMEN
8 - FENÊTRE SUR COURS

Pica & Erroc

LES GENDARMES - 8 tomes

1 - FLAGRANT DÉLIRE !
2 - PROCÈS VERT PÂLE !
3 - RADAR-DARE
4 - AMENDE HONORABLE !
5 - SOURIEZ, VOUS ÊTES FLASHÉS
6 - UN P.V. DANS LA MARE !
7 - COFFRÉ SURPRISE !
8 - PERMIS CUIT À POINT !

Jenfèvre, Sulpice & Cazenove

LES POMPIERS - 4 tomes

Tome 1 : DES GARS DES EAUX
Tome 2 : HOMMES AU FOYER
Tome 3 : LE FEU DE L'AMOUR
Tome 4 : POTES AU FEU

Stédo
Cazenove

LES FONCTIONNAIRES - 6 tomes

1 - MÉTRO, DODO, DODO...
2 - RÉDUCTION DU TEMPS DE TRAVAIL
3 - TRAVAIL À LA CHAÎNE...
4 - GRÈVE SANS PRÉAVIS
5 - CORRUPTION DE FONCTIONNAIRES
6 - EMPLOYÉS DES TAS

Bloz & Béka

LES TOUBIBS - 4 tomes

Tome 1 : C'EST GRAVE, DOCTEUR ?
Tome 2 : AU SUIVANT !
Tome 3 : BONS RÉFLEXES
Tome 4 : SUR LES DENTS !

Bélom
Gégé
Sirvent

LES ASSUREURS - 2 tomes

Tome 1
Tome 2

Jenfèvre
Sulpice

LES COMMERCIAUX- 3 tomes

Tome 1 : FARCE DE VENTE
Tome 2 : LES DESSOUS DE LA VENTE
Tome 3 : SÉVICES APRÈS-VENTE

Radôche
Plumeri
Boitelle

L'AUTO ÉCOLE - 4 tomes

Tome 1 : PERMIS D'ÉCONDUIRE
Tome 2 : CONDUITE ACCOMPAGNÉE
Tome 3 : ZÉRO DE CONDUITE
Tome 4 : FORMATION ACCÉLÉRÉE

Cazenove
Amouriq

CASTING PROD'

Tome 1 : PERTE D'AUDITION

Cazenove
Bloz

PLANS DE CARRIÈRE

Tome 1 ADO, BOULOT, BOBO

Erroc
Yannick

BASKET DUNK - 3 tomes

Tome 1
Tome 2
Tome 3

Cazenove
Plumeri
Mauricet

LES FOOT MANIACS - 4 tomes

Tome 1
Tome 2
Tome 3
Tome 4

Jenfèvre
Sulpice
Jack
Béka
Saive

LES VÉLOMANIACS - 2 tomes

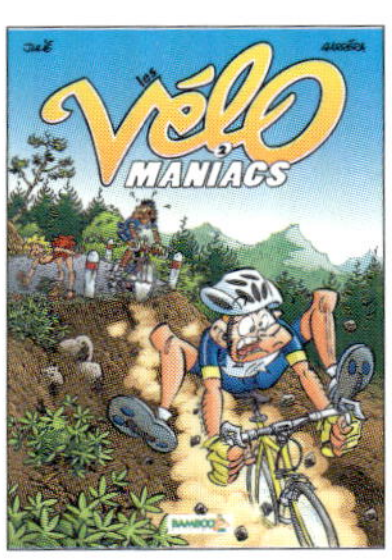

Tome 1
Tome 2

Julié
Garréra

LES RUGBYMEN - 3 tomes

Tome 1 : ON VA LEUR METTRE LES POINGS SUR LES YEUX
Tome 2 : SI ON GAGNE PAS, ON A PERDU !
Tome 3 : ON N'EST PAS VENUS POUR ÊTRE LÀ !

Béka
Poupard

LES DAMNÉS DE LA ROUTE - 5 tomes

1 - ON ACHÈVE BIEN LES 2 CV
2 - L'HOMME QUI MURMURAIT À L'OREILLE DES 2 CV
3 - LES 2 CV SE CACHENT POUR MOURIR
4 - VOL AU DESSUS D'UN NID DE 2 CV
5 - SEA, SEX AND DEUCHE !

Achdé
Rodrigue
Richez

LES RIPOUPONS - 5 tomes

1 - TOUCHE PAS À MON DOUDOU
2 - ON REMET UNE COUCHE !
3 - MÊME PAS PEUR !
4 - POTS, POTINS
5 - CHAPEAU BAS

Gégé & Bélom

WESH WESH CREW - 2 tomes

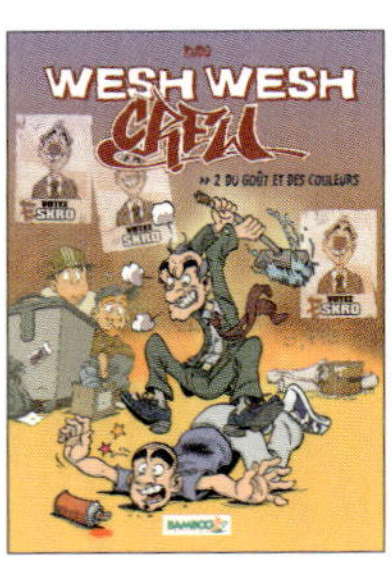

Tome 1 CHANGE PAS DE CAP
Tome 2 DU GOÛT ET DES COU-LEURS

Rudo

RAOUL ET FERNAND - 2 tomes

Tome 1 : LA FUREUR DE VIVRE !
Tome 2 : LE FRIGO DE L'ANGOISSE

Erroc

LOLA BOGOTA - 2 tomes

Tome 1 : NOTRE DAME DE COLOMBIE
Tome 2 : JFK

Brémaud
Chanoinat
Reynès

ZONE 51 - 2 tomes

Tome 1 : ROSWELL ATTITUDE
Tome 2 : FÊTE À L'ALIEN

Cazenove
Wozniak